开拓人生

思うまま［新装版］

［日］松下幸之助 著
王亚楠 译

人民东方出版传媒
People's Oriental Publishing & Media
東方出版社
The Oriental Press

图书在版编目（CIP）数据

开拓人生 /（日）松下幸之助 著；王亚楠 译 .—北京：东方出版社，2024.4
ISBN 978-7-5207-3811-8

Ⅰ .①开…　Ⅱ .①松… ②王…　Ⅲ .①松下幸之助（1894–1989）—人生哲学
Ⅳ . ① K833.135.38

中国国家版本馆 CIP 数据核字（2024）第 024056 号

开拓人生
（KAITUO RENSHENG）

作　　者：[日] 松下幸之助
译　　者：王亚楠
责任编辑：刘　峥
出　　版：东方出版社
发　　行：人民东方出版传媒有限公司
地　　址：北京市东城区朝阳门内大街 166 号
邮　　编：100010
印　　刷：北京文昌阁彩色印刷有限责任公司
版　　次：2024 年 4 月第 1 版
印　　次：2024 年 4 月第 1 次印刷
开　　本：787 毫米 ×1092 毫米　1/32
印　　张：9.25
字　　数：90 千字
书　　号：ISBN 978-7-5207-3811-8
定　　价：68.00 元
发行电话：（010）85924663　85924644　85924641

目录

新版序言 /001

旧版序言 /002

锤炼心志 /001

充满活力地生活 /017

确定道路 /039

共存共荣 /063

体悟人生 /085

从工作中学习 /113

励精经商 /133

拓展事业 /159

携手前进 /185

铸就未来 /209

重视政治 /235

展望未来 /265

本书日文版由PHP研究所于1971年1月出版发行。

新版序言

我们公司的创始人松下幸之助先生已经去世 20 多年了。他不仅仅是“经营达人”，近年来作为“人生达人”也受到了越来越多的关注和推崇。本书记录了松下先生对人生的感悟。近期，我们对本书进行了重新设计，采用更加易读的开本形式，并删减了部分过时的内容，重新装订出版。如果本书能帮助读者成就更好的人生，将是我们的荣幸。

PHP 研究所

2010 年 6 月

旧版序言

前些年，因为很多人的呼声，我在月刊杂志*PHP*上连载了一些短文，后来把它们汇集成书，命名为《开拓道路》，出版后竟然获得了超过三百五十万名读者的喜爱。后来，又因为许多人推荐，我把同样在*PHP*杂志上刊登的《开拓人生》收集成书，并对内容进行了补充和修改。虽然只是随心写下的一些感想，但每一篇文章都是我对读者的祝福。和《开拓道路》一样，如果这本书能够在某种程度上给大家带来帮助，将是我的荣幸。

松下幸之助

1971年1月

锤炼心志

主动行动，充满热情

过去，即使想要努力学习提升自己，也没有相应的学习机构。然而，仍有很多人克服困难，通过自我钻研创造出了卓越的成果。

例如，被称为“发明大王”的爱迪生就是这样的人。虽然没人指导他，但他自己通过观察各种事物，从中获得启发。他说：“只要用心观察周围事物，每一件东西都是我的导师。”如今，我们很幸运，因为如果我们有意学习，就能轻松获得各种学习机会，只要我们有坚定的学习意愿。

欣然听取他人意见

我们常常很难发现自己的缺点，即使意识到也难以自觉地加以改正。但是，如果别人注意到了并多次提醒，我们就会意识到这个问题，并逐渐加以改正。然而，能否被他人提醒取决于我们自己的态度和心态。如果因为别人指出我们的缺点而生气或不高兴，那么，别人就会在背后议论而不会当面直接指出我们的问题。这样一来，我们就会失去改进和进步的机会。

尽管这很困难，但我们应该培养欣然听取他人意见的心态。

‖ 心灵的成长

人类的肉体成长到一定时期后自然会停止，但心灵的活力是可以通过个人努力进行调节的。

无论年龄大小，一个人的心灵若变得迟钝，就与老年人无异。反之，无论年龄多大，如果随着时间的推移，一个人的心灵越来越充满活力和激情，具有精准的判断力，那么这个人就会永远保持年轻态，并能不断成长。

这样的心灵成长才是真正的成长。

‖ 融通无碍，灵活应变

如果试图用一种思想支配一切事物，就必定会遇到无法实现的情况。因此，我们需要吸收各种思想，将其融入自己的思想体系。不要被限制在某一种思想中，应该拥有融通无碍之心，随机应变。

积累知识和经验

俗话说，“见什么佛念什么经”。但是，要做到根据不同的人说不同的话，需要具备相当的知识、经验和心理素质。

虽然我们凡人远远无法与佛陀相比，但是，对于凡人而言，如同水库一样不断积累知识和经验，渐至养成丰盈的精神世界，是至关重要的。

自问自答

虽然处世之道各有不同，但我认为“不断进行自问自答”是非常重要的。无论做什么，如果不具备相应的处置能力，就会失败。因此，这就需要认真审视自己，不断进行自我质问和回答，了解自己的实力，并能根据个人能力处理事情。

通过这种方式可以减少失败的可能性，并取得令人满意的进步。

‖ 珍视物品的价值

同一张纸，有人会认为它是世界上独一无二的，而对其格外珍视，也有人认为它只是一张很普通的纸而轻视之。大家更认可哪一种人呢?

同样的物品，因为对其价值的不同理解我们的人生甚至会发生改变。因此，希望我们能将这一思维模式记在心里。

把误解当作反省的机会

在生活中，误解时有发生，但没有人喜欢被误解。因此，如何避免被误解是每个人都在思考的事情。

然而，我认为更重要的是应该反省自己为何会被误解。一般情况下，如果是真正正确的事情，即使有一部分人误解，更多的人也会认同它。

因此，与其过于担心被误解，不如把它当作自我反省的机会。

自我激励

我常常告诫年轻人，做事情要有信念或使命感。但就我个人而言，并不总是比别人拥有更强烈的信念或使命感。相反，我也会感到困惑和沮丧，有时也会陷入困境。

然而，尽管我自己有上述“弱点”，我仍然鼓励年轻人，并通过这样做来使自己更坚定地拥有信念。信念和使命感是一种很难一直持续的东西。我们必须不断地鼓励自己。

作为人类的价值

如果我们只关注自己的利益、欲望、本能，那我们与动物有什么区别呢？我们不能仅仅成为有知识的动物。

作为人类，我们应该具备根据需要克制自身欲望为他人工作的能力。当然，并非要求我们在所有方面都具备这种能力，但至少在需要的时候能发挥出来，这是我们作为人类的价值所在。

重新审视自我

当今社会，他人看来身份相当优越却自认为很不幸的人，多到超乎大家的想象。虽然这些人可能是在深入思考后真切感受到了自己的不幸，但也可能是因为他们的内心过于焦虑，或者看待问题过于狭隘，即所谓精神匮乏。

所以，从不同角度重新审视自己的生活是一件非常有意义的事情。

丰盈的内心

一个人为了在这个社会活下去，直接或间接地需要许多人的合作和帮助。换句话说，我们今天之所以能够生存，并不是仅凭自己的力量，也得益于很多其他人的帮助。

能意识到这一点并怀有感恩之心的人，才能被称为拥有丰盈内心的人。

一瞬间的感悟

今天，尽管我们的物质生活正在变得越来越富足，但并不能说精神世界也同样丰富了起来。因为，精神世界的丰富是很难实现的。

然而，仔细想想，我们为了今天的物质生活付出了很多时间和劳动。相比之下，精神世界的丰富，只需要一瞬间的感悟。虽然这也许很困难，但我们要知道，精神世界的丰富是可以通过相互间的心灵交流瞬间实现的。

充满活力地生活

善意解读

年轻人在未来的人生中可能会遇到各种各样的困难，重要的是我们要学会积极地、善意地看待这些困难，将它们视为提升自我的修行过程。

如果按照这种思考模式，不畏惧任何困难地持续努力下去，我们就能逐渐打开前进的道路。同时，这些困难也就会成为我们磨炼自我的一种财富。

年轻

年轻，是指一种不断追求新事物的状态。无论是在工作上还是日常生活中，总是追求新事物的思维方式和态度会产生年轻的感觉，从某种意义上来说，这就是年轻的本质。

即使生理年龄到了一百岁，只要始终保持追求新事物的思维方式和心态，就能永远保持年轻态。

孙悟空的如意金箍棒

人的心灵就像孙悟空的如意金箍棒一样，可以无限地变大或缩小，是一种伸缩自如的东西。例如，抱有恐惧或者悲观的心态去看待问题，那我们的心灵就会变得狭隘，无法产生应有的智慧和创意。

然而，如果我们能以积极的心态面对困难，并更加努力地去应对，心灵会自然而然地变得宽广起来。在这样的精神状态下，更容易诞生出色的创意，从而使克服困难变得可能。

探索人类

大学毕业进入公司后，如果只是单纯地完成分配给自己的工作，就不可能感受到工作的乐趣，同时，自己的视野也会变得狭窄。

那么，我们该怎么做呢？一种方法是将公司看作一所探索人类和人生的学校，在这所学校里有各种各样的人，有各种各样的人生经历。因此，我们需要学习的东西是无穷无尽的。

如果我们能够以这种心态来工作，在工作中学习人类和探索人生，就能够激发出我们的工作热情，每天的工作也会变得更有趣。

即刻行动

在这个快节奏的时代，不论从事什么工作，我们都必须充分认识周围万物瞬息万变的现实。否则，即使有好的想法，也可能在我们还在考虑时周围的情况已经发生变化，而错过时机。

因此，我们需要具备一种心态，即把当天想到的事情在当天内付诸实施。时效性是至关重要的。

过多的规则

我们设立规则，以维持人与人之间的秩序，创造一个宜居的社会，这是很必要的。

然而，也有一种说法叫作“过犹不及”。所以，如果我们制定了过多的规则，反而会令人感到窒息，甚至可能削弱彼此的自主性。这样一来，可能会导致我们的生活和活动无法自由发展。

人就是人

我们在日常生活中，往往会把人类理想化为神一样的存在，或者反过来把人类视为动物。但事实上，人既不是神也不是动物，人就是人而已。

所以，我们应该正视人类的本质，在此基础上进行政治、经济、教育等各种社会活动。否则，我们会把自己逼入绝境。

简短的会议

近年来，社会节奏越来越快。在很多情况下，如果一项工作不能快速推进，也就失去了其意义。

公司内的工作会议也不例外。平时大家聚在一起时，可能随意讨论工作进展情况，但极端情况下，当做出决策时，情况可能已经发生了翻天覆地的变化。因此，我们需要进行短暂的立即决策会议，而且由于情况在不断变化，这种立即决策的会议需要根据情况的变化进行多次重复快速决议，以确保我们能及时调整决策方向。

强烈的愿望

无论做什么，我们都要有强烈的愿望。

即使在荞麦面店工作，我们也要有志于去制作出一份让顾客满意的美味荞麦面。为什么这样说呢？因为每一家荞麦面店，都会有自己的味道。你可以亲自前往口碑好、评价高的荞麦面店品尝一下，恳请老板教授你制作美味荞麦面的方法，然后自己试着做一做。

做任何事情，成功的关键因素之一就是具有强烈的愿望。

付诸实践

无论多么伟大的愿望，如果没有持之以恒的努力，最终只能是无谓的空谈。反之，即使看起来微不足道的愿望，只要有坚定的决心，勇往直前地努力实践，这个想法就会成为现实。

当然，愿望可以很美好，但为了实现这个愿望，必须在每一个细节上下功夫，不断努力，一步一个脚印地向前走。

‖ 身为人类的美妙滋味

人无完人，人类不是神而是凡人，不可能做到完美无缺。

因此，我们在做任何事情时，即便付出了超出常人的努力，全力以赴，但最终能完成百分之九十，已经很难得了。也许，那百分之十的不完美，正是身为人类无法言喻的美妙滋味吧。

把握事情本质

无论遇到什么事情，当我们面临困难时，首先要有勇气认清事情的真相，弄明白导致困难的原因，不受私心干扰，就事论事，该反省的认真反省。这一点最为重要。如果不这样做，就无法真正了解事实真相，这种情况下无论采取什么策略都不可能达到想要的结果。

因此，只有先素直地认清事实真相，才有可能制订出正确的处理策略。

以人为本

在面对任何事情时，重要的是我们要做到以人为本。以政治为例，政治并不是为了政治而存在的，它存在的根本目的是服务人类，学问同样如此。当然，在经济、教育、宗教、法律等其他领域也是如此。我们不能忘记，所有事情的存在都是为了人类。

但事实却往往与此相反，这才导致人类自身陷入不幸的境地，这种事情在历史上比比皆是。

‖ 小田原评定[1]

在处理工作前，讨论是一件非常重要的事情，但进行讨论必须得出某种结论，而且必须基于这个结论采取行动。

如果不能得出结论，或者没有基于上述结论采取行动，即便讨论一百次也只是浪费时间，于解决事情毫无帮助。这就是小田原评定。

1 召集各地臣民齐聚小田原城、商讨国策的制度，现在常用来代指举办时间长却又拿不出意见、做不出决定的会议。——编者注

避免先入为主

我们经常能听到身边有人说“我已经尝试了很多次，每次都失败，这件事我实在做不到”这类话。

多次尝试却始终无法突破，似乎再试下去也没有意义。然而，有时依然想再次尝试回归初始，回归纯粹的问题本身，重新进行思考。我相信这样做能开拓超出预想的新道路，实现创新。

‖ 要实际体验

有一句谚语叫“百闻不如一见”，但也可以说“百闻百见不如一试”。

砂糖的甜度，只有亲自尝过才知道；纸上谈兵，只有需要解决问题时才知道是无用的。因此，实际体验是非常重要的。

‖ 永恒进步

文化的进步，随着人类的延续而不断往前推进。虽然作为个体我们的寿命有限，但人类整体的存续是长久的。只要人类在延续，进步就不会停止。

所以，我们每个人都是承担这个“永恒进步”的一分子，这样的想法能让我们的人生更有意思，而且使人萌生为推动文明进步而努力的想法。

改良

当我们试图对某件东西进行改良的时候，不可能实现全面改良，即便实现了，也一定会随之产生新的负面问题。

如果能够认识到这一点，当改良的正面结果大于负面结果，比如正面结果为五，负面结果为三，就应该果断地付诸行动。

‖ 人类的心灵

人类的心灵非常有趣。平时背负一斤的包裹可能都会觉得很重，但发生火灾时，十斤的包裹也不觉得重。所以，理论上一加一等于二，但人类的心灵有时会让一加一变成三或者零，这不像数字那样可以被简单地理解。

因此，在政治、经营和教育等领域，为了获得更好的效果，必须深入了解人情的微妙，即心灵的复杂性。

‖ 个人与世界

如今的世界正在剧烈变化，而且有时是千变万化。到底是什么力量在推动这种变化呢?我想，并不是别的，归根结底，世界各国的每一个人的想法汇集在一起引发了世间的各种事，推动了世界的变化。

也就是说，我们每个人的内心活动都与全球的动态有关，我们的日常生活和活动也都与世界变化有着千丝万缕的联系。

如果我们能如此思考，在面对频频出现的全球性问题时，我们就应该有自己的态度，并承担相应的责任。

确定道路

坚定自我

马有一种跟随头马的习性，所以古人说“一马嘶鸣，万马奔腾”。其实，这种情况不仅存在于马身上，我们人类的行为中也存在类似的情况。我们在做决策的时候，有时候即便有自己的想法，但因为自己的想法不够深入、清晰，结果还是选了和大多数人一样的方案。在这种情况下，民主主义是无法实现的。

即使绝大部分人都陷入了癫狂状态，我们也不能失去自己的理智。尽管这很难，但我们需要拥有足够强烈的信念和正确的判断力。如果这样的人能够团结合作，即使面对非常困难的事情，也能找到解决的方法。

素直之心

当事情进展不顺时，我们应该静下心来复盘。很多情况下，我们会被某些事情或观念所束缚。即使我们认为自己是正确的，但如果过于执着于这种观念，我们会变得心胸狭隘，甚至，做出错误的判断。

因此，我希望我们能够始终怀有一颗素直之心去面对事情。

‖ 决心

对于人类而言，下决心容易，真正做到难。当我们下定一个决心后，如果不及时、反复地提醒自己，当初的决心很容易被忘掉，只下决心是远远不够的。就算决心再小，如果不反复提醒自己，也是很难实现的。

因此，一旦做出决定，就要反复提醒自己，把它坚定不移地贯彻到日常生活和工作中。

军师与将军

将军只需在听取军师的建议后进行取舍、做出判断就行，因此，我认为军师必须博学多才，而将军只需要拥有优秀的判断能力就行，不一定要博学。很多时候，如果将军盲目地、全盘地听取军师的建议，往往容易失败。

古来被称为名将的人，虽然听从军师的建议，但往往并不完全按照他们的建议做决策，而是基于自己的判断做出决策。

知识与智慧

当今世界，科技飞速发展，各种便利的机械设备相继问世，这是人类知识不断提高的结果，也是造福于社会的事情。但是，随着人类知识的增长，人类的智慧，即深入思考并辨别是非善恶的心智能力也同样必须提高。

人类之所以为人类，是因为人类的智慧能够正确地运用知识。然而，在今天的社会，有一种智慧被知识压倒的趋势。拥有广泛而深入的知识当然是非常重要的，但更加重要的是拥有将知识作为人类的工具进行灵活运用的智慧。

知不足

在平常工作和生活中，不要觉得在众人面前被责备是一件丢脸的事情。如果大家都知道了你的缺点，他们就会提醒你注意，帮助你今后避免犯同样的错误。

关键时刻

当事情不顺利时，我们往往会感到沮丧，这是人之常情。但是，如果事情正进展到关键时刻，我们就必须从沮丧的情绪中走出来，保持镇静，坐下来冷静地思考解决方案。在此基础上，做出决策并执行。这是我们在工作中应该有的态度。

‖ 常识

我这一生，基本上是普普通通地过着平凡的生活，做应该做的事情，避免那些不该做的事情。换句话说，一直以来，我只是在依据常识进行判断，按照常识过着普普通通的生活。

但是，现在回过头来想一想，这种大众的常识里似乎也包含了很多真理。

神仙也发愁

当今社会如同“考试地狱”，考生及其家长们为了顺利通过考试，去神社祈祷的情况很普遍。虽然这看起来是无可厚非的事情，但如果有太多的人来祈求，神明也不可能全部听到，所以神明也很发愁吧。

我认为，如果自身是读书的料，那当然很好；如果本身不适合，也没必要强求进入超出自身能力的学校，或为升学过度地焦虑和烦恼。

如何决策

对于小事情，可以根据得失来决定，这样也可以避免犯错。但是，在决定重大事情时，必须站在超越利益得失的高度上，否则可能会做出错误的决定。

果断放弃

当我们尝试一些新事物的时候，并不保证一定会得到好的结果。因此，如果出现了负面结果，必须果断放弃。

坚持做好的事情，果断放弃不好的事情，这在我们的工作和生活中也是非常重要的。

中庸

人们说中庸是德的表现，我深以为然。在任何事情上，稍有偏颇就会做出错误的判断。

向左或向右偏斜相对容易，但走中庸之道，或者说始终走正道并不容易。为此，我们每个人都应该培养自己的智慧和勇气。

讳疾忌医

就像人会生病一样，公司和国家有时也会深受“疾病”折磨。在生病时，作为人，我们会选择吃药治疗。但是，公司和国家则可能因为担心形象受损而拒绝接受治疗，也就是“讳疾忌医”。

然而，如果不吃药，本来一天就能治愈的病可能拖延至十天半个月才能痊愈。所以，在公司或国家出现不利情况时，也应该毫不犹豫地接受“治疗”。必要时，我们不能只顾及体面，而应该采取一切可能的措施。

效仿

无论是文化知识还是其他方面的学习，所有人最初都是从模仿开始的，就像孩子模仿父母一样。但是，如果不仅仅是简单效仿，而是在模仿的基础上做到消化、吸收，就有可能创造出新的东西。

如果只是简单地模仿老师，我们无法超越老师。相反，如果我们能很好地消化和吸收他们的想法，我们就可能会成为比老师更出色的人物。

从容的心态

以适度紧绷的心态去处理事情是非常重要的，但有时过度紧张反而会使人感到精神疲劳，进而导致失败。

因此，虽然保持这种紧绷的心态很重要，但同时，在处理事情时也应该拥有一份从容。即如果事情没有做成，大不了从头再来。

有时候，人在这种心态下反而会产生更好的思路，事情反而能做成。

不受束缚

世界上存在着一些“超越常理”的事情。如果能拥有一颗素直之心，就能消弭偏见，这样，慢慢就会想明白这些事情。

然而，一旦被某种流派或学问所束缚，就只能在这个流派或者学问的框架内思考问题，很多时候反而无法理解事物的本质。因此，即使拥有丰富的知识，如果被知识所束缚，就很难真正灵活运用这些知识。

如果拥有知识并且能做到不被其所束缚，这样你所拥有的知识才能成为真正的助力。

自力更生

所有的动物都必须为了生存而奔波。在小燕子还很小的时候，父母会给它喂食，当它长大后，就得自己觅食了。

自力更生，自己养活自己，也许这是大自然赋予所有生灵的规则吧。

正确的做事流程

在日常生活中，我们经常会遇到事情进展与预想不符的情况，这多半是因为在开始做事之前没有做好准备工作。

在清醒认知到自身实力的基础上，结合当下的时局情势，听取他人意见，然后再开始做事，这才是正确的做事流程。

取其精华

今天，人们在提到所谓“封建”的东西时倾向于全盘否定，但是我并不这样认为。我认为，那些历史遗留是在长期的历史过程中积淀的人类智慧的产物。因此，尽管其中包含了一部分落后于时代的东西，但是也包含了一些能经受时间考验的精华。所谓的“封建”东西似乎被认为是不好的，但我个人不这样认为。那些被称为“封建”的事物很可能是人类长期积累的智慧产生的。因此，即便其中可能有一些落后于时代的东西，但同时也可能有一些永恒不变且值得称赞的东西。

因此，我们不应该全盘否定历史遗留，而应该取其精华去其糟粕，有选择性地继承和发展它。这种开放包容的态度才会促成更好的进步。

西乡隆盛的用人之道

“对于对国家有功的人应该给予奖励。但是，不能因其有功就授予权位，除非他具备与被授予的权位相称的能力。因为即使有功劳，如果被授予权位的人没有远见卓识，很可能会导致国家崩溃。”

这是西乡隆盛关于国家政治的思考。虽然这是关于国家政治的话题，但也适用于我们的公司和组织。

迫于需要，随机应变

预测未来并有计划地推进事情很重要，但并非所有事情都必须这样做。

有时，不按照计划执行，随机应变反而能取得更好的效果。在被迫面对挑战时，我们往往会想出意想不到的好方案。因此，随机应变有时也能收到意想不到的效果。

共存共荣

‖ 相信他人

对于负责人来说，以身作则是非常重要的。但是，“这件事交给你了，如有困难随时汇报。”这样大胆地放手，将工作交给下属也是非常重要的。

这样做可能有些费时费力，但下属在重复这些工作时会变得更加成熟，或者他们会发挥自己的想法，更好地完成任务。

通过这种方式激发下属的潜力，取得比自己大包大揽更好的业绩，这才是负责人该做的工作。

凡事皆有两面

万事万物都有正反两面，人也有长处和短处。同一个人的言行既包含美好的又包含丑恶的。

一个人，白天着装整齐，工作认真、高效，下班后回到家却裸着身体闲散自得，这两种截然不同的状态都是真实的他。因此，我认为，只看正面是不对的，只看反面并指摘对方也是不可取的。

总之，我们应该在考虑到反面的情况下，认可表面的美丽并鼓励其把自己的优点放大。

他者意识

作为人类，多多少少都会有自我意识，或者说以自我为中心的得失意识。但是，如果所有人都只考虑自己的利益，将会产生不必要的对立和争斗，导致社会混乱。因此，为他人考虑的意识，即“他者意识”是必要的。

对于普通人来说，自我意识和他者意识的比例五五开，但对于领导者来说，必须更多地为他人考虑。

这种观念不仅适用于个人，也适用于公司、工会、国家等团体或组织。

保持谦逊

对于领导者而言，发掘并培养下属的长处是最为重要的。为了发现这些长处，领导者首先必须保持谦逊。只有自己保持谦逊，才有可能发现并接受下属的长处。

善于发现价值

日语中有个说法叫“给猫钱币”[1]，意思是说再好的东西也要遇上懂的人才行，如果人们不能看到它的价值、它的可贵之处，一切都等于无。相反，即使再小的一个东西，如果你能发现它的可贵之处，就能使之发挥大作用。

因此，对待任何事情都应积极发现其价值，懂得感恩和珍惜。这一点至关重要，它能带给人的价值甚至高过百万财富。

1　喻指赠予贵重的物品，对方却没有任何反应，引申为再好的东西，如果拥有者不懂它的真正价值也是徒然。——编者注

看作自己的事

在现在的日本社会，与周围人相互依存、与国家同在的理念非常薄弱。虽然在理论上、口头上仍然这样强调，但实际情感和行动上却并非如此。因此，人们往往都变得更强调自我。

但是，这样做对个人和国家很不好，相反很有可能会带来负面影响。我们需要更多地将邻居和国家的事情视为自己的事情来考虑。

经济调整

现在很多中小企业破产，从政治和社会的角度来看这不是好事情。对于企业当事人来说，也是一件非常严峻的事情。因此，我们应该从政治和经济两个方面采取各种措施来减少破产。

但从另一个角度来说，这也可以看作是每个企业在寻求适合自己的业务项目，这也就是经济整体的调整和优化。具体说来就是，企业停止不适合自己的业务项目，然后去寻找更适合自己的业务内容。现在，每个月都会新增大量的新业务、新项目，我想这大概也是经济调整的一种表现。

表达要注意方式方法

我们应该勇敢地坚持自己认为正确的事情。但是，如果一味强调自己的观点是正确的，不懂得沟通的方式和技巧，可能会招致周围人的反感。

自己的观点固然是正确的，但是要让别人接纳，也得适当地花些心思。摒弃私心，选择适合的时机和场合表达自己的观点非常重要。

有效“浪费”

在人的成长过程中，我们需要挑战各种各样的事情。当然，挑战有意义的事情是必要的，但有一些挑战看起来是一种“浪费”。

虽然那不是当下必要的工作，通过做那件事，也有可能获得一些宝贵的人生经验。因此，我们也可以说这并不是纯粹的浪费，而是有效“浪费”。

职业和才能

每个人都有多种才能，有些是自己擅长的，有些不那么熟练，这些才能可以被划分为第一才能、第二才能、第三才能……但是，在社会发展水平有限，还没有能够容纳足够多的职业时，并非每个人都能发挥自己的第一才能。

宇宙开发出现后，那些在宇宙科学方面具备最强才能的人得以崭露头角。此外，每当一种新工作出现，随之都会出现在这一领域具有天赋的人。今后，如果出现了新的职业，可能会有最适合该职业的人出现。

如果职业种类无限增加，每个人都能够从事发挥自己第一才能的工作，将会创造多么高效、和谐、繁荣的社会啊。

为下属服务

作为上司，仅仅抱着“利用下属”的心态是无法真正发挥员工能力的。

与下属之间的相互协作是必要的，甚至要有“我是在为下属服务”的意识。如果能够做到这一点，就是一个非常合格的上司了。

自助者天助

佛家说“佛度自度者”，这句话的意思是，对于不愿意听从忠告的人，即使是佛祖也无法拯救。

我们在提醒别人时，如果一遍不行，那就两遍、三遍。如果四遍都不行，就需要暂停下来，之后再多次提醒。如此重复三次，如果还是不行，就只能放弃了，不要过于纠结。神佛都无法做到的事情，我们凡人做不到也情有可原。

感恩和敬畏

不懂得感恩和敬畏的人，与动物有何区别？无论是个人还是集体，如果没有感恩和敬畏之心，就容易变得自大，最终变得过于相信暴力和权力。过去日本军方、希特勒政权等之所以发起那场悲惨的战争，很重要的一个原因是他们不懂得感恩和敬畏。

我们应该常怀感恩和敬畏之心，怀着谦卑的心态自我反省，不断前进。

互相表扬

每个人都会因为受到表扬而心情愉悦，并且在之后更加努力地做事情。人与人互相表扬、彼此鼓励，这样我们的世界将变得更加美好。

所以，让我们更多地表扬对方，而不是责备和批评对方，这样我们也能拥有更加开心的每一天。

谦虚的自豪

自豪感对于人类而言非常重要，但应该是谦虚的自豪。否则，就会变得自大且轻视他人。长此以往，不仅无法实现自我成长，还可能引发不必要的争执。

愿望和失败

不论做什么，有愿望是很重要的。可以说，没有愿望就没有进步和成功。然而，过于强烈的愿望往往会导致失败和衰落。历史上的拿破仑、希特勒等人就是很好的例子。

因此，我们在增强意愿的同时，更重要的是保持谦虚的态度，素直地进行自我反省。意愿一旦脱离谦虚、素直、反省，最终将会走向失败。

和睦相处

人类历史上，冲突和争斗似乎永无止境。因此，有人认为，我们人类可能自带这样一种宿命。

人类本来应该互相包容，和睦相处，共同追求幸福，实现共存共荣。希望每个人都能有这样的处世心态，这样我们人类才能获得幸福。

鸡尾酒的智慧

一个人即使很聪明、博学多才，他也有自己的局限性。如果一个人处理事情时仅仅依靠个人的能力，即便他再聪明，也有可能判断失误，犯下大错。

因此，我们应该像鸡尾酒兼容和混合各种成分一样，汇集众人的智慧，取其精华去其糟粕，这样才能产生更优秀的智慧。

‖ 道德观的作用

通常，道德被认为是用来抑制人类的欲望和本能的，但相反，我更愿意把道德看成一种辅助欲望和本能更好地发挥作用的东西。它教给人类方法，告诉人类如何做才更有益于自己和他人。

我们完全可以积极地调动欲望和本能，但是应该树立一种积极的、能动的道德观，这种道德观能教给人更好地调动和运用原始欲望和本能的方法。

体悟人生

作为人的成功

对于上班族来说，成功就是成为公司的社长，或者成为高管；对于政治家来说，成功就是成为首相或政要。这是社会一般的想法。

然而，除了职业上的成功之外，我们作为一个人，真正的成功是什么呢？我想，成功并不仅仅是获得金钱、地位或权力。

每个人都有自己的天赋，或者说具有自己独特的素质和能力。能够充分发挥这些天赋所带来的喜悦和意义，也许就是我们作为人最大的成功吧。

经历

无论是成功的经历还是失败的经历，都是非常珍贵的，因为这些经历或多或少都会成为我们进步和成长的资本。

人不一定要有特别的或者重大的经历，能从小事和平凡之中得到自己独有的感悟才是真正重要的。如此，所有的经历都可以成为个人成长的食粮。即使每天过同样的生活，做和不做之间，长远来看也会有很大的不同。

人生的经营者

“经营者”往往被认为只是经济活动上的用语，但我们每个人也应该成为自己人生的更好的经营者。

也就是说，我们需要认真思考自己的人生，如何确定生活目标，怎样为实现目标而合理努力，以及怎样过上精神和物质都富足的生活。这样思考如何经营自己的人生，也是一件非常有趣的事情。

脚踏实地

我们的人生，应该像乌龟一样，一步一个脚印脚地踏实地往前走。加快速度当然很好，但往往欲速则不达，反而会失败。

横下一条心

我们出生在哪个国家并非出于自己的意志，同样，某种程度上我们的工作也是如此。我们加入某家公司或选择某种职业时，虽然决定是自己做出的，但同时也不能排除某些超越我们自身意志的力量在引导我们。如此想来，我们不妨横下一条心，坚定地踏上这条路。

素直地接纳自己的实际情况，投入其中，积极进取。这样做不但内心安定，而且能产生更强大的工作动力。

克服不安

如果一个人完全没有烦恼或不安，他要么是接近神的人，要么在精神上有某些缺陷。对于大多数人来说，每天都会有一定程度的不安感。

面对不安，不要只感到恐惧，而是拿出新的勇气和决心，不断鼓舞自己去克服它，这种对自身的挑战是人类的另一面。一边感到不安，一边努力战胜它，在这个过程中感受生命的意义，开拓宽阔的道路，我认为这正体现出了人生而为人的某种尊贵。

努力

世界上有各种各样的人，不能一概而论，但我们的努力都会被认可。

当然，我们并不是为了被认可才努力的。但是，如果你投入了所有的热情和精力去追求自己的梦想，并感受到了其中的意义和乐趣，你的努力和精神也会传递给身边的人，让他们对你刮目相看。而那些原本对你不屑一顾的人，也会自然而然地开始认可你的努力。

人类优等生

最近，家长非常注重子女教育，因此听说孩子们都在很努力地学习。确实，学习非常重要，成为学校里的优等生是值得肯定的。

然而，不同的人有不同的天赋，不是每个人都能成为学校里的优等生。但是，大家有可能成为人类优等生，即成为一个能够真正发挥自己天赋和性格的人。

在孩子的教育方面，成为学校里的优等生很重要，但也不应该忘记成为人类优等生。

坚定决心

在我们知道一件事情是不好的时候，就应该立刻停止它，我想每个人都这样想吧。所以，我们下定决心要停止它。但是，现实情况往往不会完全按照我们的意愿进行。很多时候，我们虽然知道这是不好的，但仍然无法停止。

但是，仔细想来就会发现，在克服我们的这种弱点的过程中，不仅能推动彼此的进步，而且影响着我们人生的幸福。因此，我们必须在与自己的弱点斗争的过程中，逐渐坚定停止做不好事情的决心。

粗心大意

人的内心是很难琢磨的东西，当事情连续三年都进行得很顺利时，人不可避免地会变得粗心大意。也许有些人三年内都不会松懈，但如果连续顺利了十年，肯定会有麻痹的时候。

因此，古人也教导我们要“居安思危”，切忌粗心大意。

顺其自然

我并不是所谓的信奉宿命论的人，也没有多少学问，身体也比别人虚弱，回顾自己至今走过的路程，不禁感到其中有一股超越了自己意志的强大力量在引导着我。而我似乎只是顺从了那股力量而已。

不过，那种力量只有在我们回首往事后才会发现它，事先是无法预知的，这也是人生的趣味所在。

我从自己的经历中深刻地领悟到，我们只能尽力完成今天的工作，尽人事听天命。

保持警觉

据说旧时的武士们有一种日常心态，“一脚迈出门口，七人成敌”。在现代社会，由于交通混乱等原因，只要踏出家门，就无法预料会发生什么意外或危险。从某种意义上说，我们处于比以往更危险的境地中。

所以，在处理事情时始终保持一定的警觉是非常重要的。

尽管很努力

通常情况下，越努力越能取得更大的成果。然而，并不是每次都这样。有时候，尽管很努力，仍然无法获得成功。这时，很多人会感到失望和沮丧。

但是，这种情况下我们也不能灰心丧气，而是要继续努力做好每一件事。很多时候，反而会获得意料之外的成果。

虔诚之心

当人们要做一件重要的事情时，往往会变得格外认真。这时，我们往往会自然而然地表现出一种向神佛祈祷时那般敬畏虔诚的姿态。这可能是因为在面对重要任务时，我们希望能够借助神佛的力量来获得帮助。

同时，这种虔诚的心态也会让我们拥有一种虚心好学的心态，从而能够更好地发挥自己的实力，取得更高的成就。如果我们能够在任何时候都表现出向神佛祈祷时的虔诚态度，我们的成功会更容易实现。

每个人都是主角

人类本质上没有区别，是平等的。在现实社会中，每个人的职业和地位只是为了方便管理而不同，实际上并不存在本质上的差异。

过去，有大名、鞋匠等各种不同职业，但在戏剧中，有时扮演鞋匠的人反而是主角。所以，在某种程度上，我们可以把社会看作一出戏剧，而每个人都可以成为主角。

知识分子的局限性

有句话叫“知识分子的局限性”，意思是说一般被称为知识分子的人，由于拥有了各种知识，反而无法顺利地做成事情，因为知识会成为阻碍。但实际上，知识分子由于掌握了知识是可以做成更多事情的。

然而，如果陷入“这个太难了，那个做不了”的想法中，行动就会处处受限。如果能够抛开这种束缚，先从能做到的事情开始做起，反而会看出“知识分子的优势”。

时机的重要性

事情能否成功，时机是非常重要的。即便是再好的事情，如果时机不当，也难以被社会所接受。

据说最早提出日心说的人曾遭受残酷的迫害。如果这样的理论在今天这个各方面都在进步的时代被提出来，可能就会得到社会的理解和赞扬，甚至有可能获得诺贝尔奖。

纯粹的理念

历史上，继承织田信长遗志完成天下统一的是丰臣秀吉，但丰臣秀吉并不是从一开始就有夺取天下的志向。他在出兵冈山期间听到本能寺之变的消息，前往京都讨伐明智光秀，但他当时并没有要继承织田信长遗志取得天下的想法，他只是按照那个时代的道德观，为了替主君报仇。

然而，在替主君报仇之后，他环顾四周，发现似乎自己最适合统一天下。这时他才开始认为“好吧，那就这样做吧”，也就是说，那时他已经具备了实现天下统一的能力。

虽然有不同的看法，但正因为丰臣秀吉当初并非有意识地想要取得天下，而只是一直默默地努力，才最终取得了天下。如果他从一开始就志在夺取天下，恐怕就无法成功了。这可能就是人生的妙处吧。

‖ 抓住机会

无论做什么事情，抓住机会都是非常重要的。

当然，抓住机会并不容易。如果我们能真正投身于事情中，发挥热情和创造力，那么机会可能就在各个角落等待着我们去发现。

有干劲儿

聪明的人不一定成功。即使有点笨，但有干劲儿的人更容易成功。如果有干劲儿的同时又聪明，这简直就是如虎添翼。

本职工作与兴趣爱好

我们决不能混淆兴趣爱好和本职工作，本职工作就是本职工作，兴趣爱好就是兴趣爱好。

在本职工作之余，利用时间去品味和享受自己的兴趣爱好，并且这些兴趣能够为本职工作增值，或者对人的成长有帮助，那么这将成为一种有益的爱好。但是，如果一个人喜欢自己的兴趣爱好胜过本职工作，最好的做法是把兴趣爱好转变成本职工作。

等待天命

有一句话叫作“尽人事，听天命”，但从近来的社会情况来看，我们会发现，“尽人事”已经做得足够，但“听天命”这一部分可能有些被忽视了。

当我们觉得自己已经付出了很多，自然就会认为自己应该得到相应的回报，这是情理之中的事情，也是人之常情。然而，事情的成败并不仅仅取决于我们的意志和努力，或许会有一些所谓的运气或者其他的强大力量在起作用。

人生充满希望

人生是无法预知的，不管我们多么想要知道也无法得知。

然而，在我们不知道的范围内，坚定地相信这就是自己该走的路，勇敢地走下去也是非常重要的。这样即使取得了重大成功也不会得意忘形，即使遭遇失败也不会惊慌失措。

如同坦然地走在宽阔的大道上一样，坦诚地走在自己的人生之路上，也许会为我们的人生带来希望之光。

终身学习

如果没有“终身学习”的想法，一个人就会止步不前。

所谓的大器晚成之人，都是怀着“终身学习”的信念而持之以恒的人。

从工作中学习

兼职的收获

近些年，年轻人经常从事兼职工作。用自己赚来的钱享受兴趣爱好，或者去旅行开阔眼界都是非常好的。但同时，也希望他们能够通过兼职工作的经历得到一些收获。

为了实现这一点，即使只是几天的兼职工作，也要认为“这也是某种缘分，而且也是一次宝贵的体验”，并全身心地投入工作。有了这样的态度和心态，工作会更加有意义，同时也能更好地利用这种经验。

‖ 聪明人和普通人

在做某件事情时，如果只聚集了一些有才华或者聪明的人，结果并不一定会非常成功。相反，有时候聚集很多普通人反而会更顺利。

因为普通人会先尝试去做一些事情，然后再逐步推进，而聪明人聚集在一起时，往往会先争论问题，甚至有可能发生争执，导致事情进展缓慢。因此，在处理事情时，两个聪明人和八个普通人这样的组合也许是更为理想的。

工作的价值

并不是一定得做大事才有价值。事情不分大小，从事一份与自身特性和实力相符合的工作，投身其中，付出努力并取得成功，能做到这些的就是可贵的，就是值得尊重的。

工作的心酸

经常有人让我讲自己的辛酸故事，但我想不出自己曾经遭遇过什么苦难，我感觉自己的每一天都过得很愉快。

当人们在满怀希望地工作时，即使别人认为这是一种辛苦，本人也并不一定感到辛苦。如果每天都觉得太累和无趣，是很难做好工作的。

新产品

成功地开发出具有划时代意义的新产品，如果这是一个人全力以赴投入工作的结果，他自然会为此感到高兴和满足。但是，如果因此而自满，就会止步不前。虽然它是自己公司的产品，但是我们不妨试着把这个新产品想象成其他公司开发的产品。这样一来，为了不输给竞争对手，我们就会被激起更强烈的进取心，想出新的创意。

人类社会是一个不断发展的过程，随着时间的推移不断前进。如果我们用这样的心态去看待周围事物，自然会发现需要改进的地方。我们不能满足于现状，而应该通过不断思考和改进去追求无限的进步和发展。

自主性

在推进工作时，听取并借鉴其他人的意见是很重要的，但在这个过程中，最重要的是不要失去自主性。

只有拥有自主性，才能真正地倾听他人的意见，这些意见才能真正地在自己的工作中发挥积极作用。

你会雇用自己吗?

在工作中，如果总是试图做超出自己能力的事情，往往会以失败告终。反之，如果只做很简单的事情，自己的能力就得不到发挥，也不能收获工作的满足感。因此，自我认知或者说正确评估自己非常重要。

想象一下，如果自己是公司的老板，会雇用自己吗？会支付多少薪水？会让自己做多少工作？这些问题都是值得反思的。通过这种方式，就可以理解自己应该全心投入工作。

夯实基础

在岩石上建立的房屋和在沙子上建立的房屋，虽然外观看起来很相似，但一旦发生地震，它们之间的差异就会显而易见。

就像学术有基础学科和应用学科一样，打牢基础对于所有事情都非常重要。

强大的说服力

通常，人们认为政治家和企业家最重要的能力是说服力。当今社会，即便你有好的想法，也需要相应的说服力来使其他人理解和接受。

然而，说服力并不是自然而然产生的，也不是纯技术活儿。强烈的信念或热情才是产生说服力的根本。

真正的境界

运动员在进行非常激烈的训练或比赛时，虽然会疲劳，但更直接的感受是舒爽。在工作中也是如此，如果你真的投入其中，很少会感到疲劳。从另一个角度来看，如果你工作疲劳，这说明你还没有真正地投入工作。

这可能是一件困难的事情，但如果工作能给你疲劳之外的感受，那才是真正的境界。

控制欲望

人类有各种各样的欲望。如果过度放纵自己的欲望，会产生不好的后果。比如，放纵食欲会影响身体健康。

如果仅仅是食欲，只会影响自己。但是，如果商业欲望被过度放纵，不仅会对自己造成困扰，还会给其他人甚至是整个社会带来麻烦。因此，从事业务的人必须坚守自己的良知，控制自己的商业欲望，坚决不可自我放纵。

专业态度

土俵[1]上，相扑力士[2]正在进行比赛前的准备，此时，他们的全身心都高度集中到了这场比赛中，这种投入程度将决定比赛的胜负。

在我们的工作中，我们也需要像准备比赛一样准备工作。相扑力士是专业人士，我们也是专业人士，而不是业余爱好者。我们也必须全身心地投入工作，否则就是在撒谎。

1 相扑比赛场地。——编者注

2 在日本，相扑运动员被称为“力士”。——编者注

正确的方法

据说同样是保险推销员，做得好的人的业绩是做得不好的人的二十倍。保险这一行，就产品而言，各家公司卖的都是相同的东西。卖同样的东西却有这么大的差异，这就是工作的奥妙所在。

不同的做法可以带来无限多的发展方式，重要的是努力寻找那条正确的道路。

责任在自己

做事情时，如果没有成功或者进展不顺利，每个人都会试图找出原因，而且我们往往倾向于去找其他人的原因。

当然，这也是必要的。但是，当事情无法解决时，我们更应该思考自己的原因。要有一种觉悟，即问题出在自己身上。然后，再进行自我反省。

‖ 身心和财产都投入

每家企业，大部分员工都能做到全身心投入公司业务，积极地工作。但是，相比之下，购买自己公司股票的员工却并不那么多。

然而，对于自己全心全意投入的公司，把远不如身心重要的金钱或财产投入其中似乎也是情理之中的。所以，只有身心和财产都投入，作为员工才能算做得彻底。

直面困境

当工作不顺利或者陷入困境时，我们常常会感到失落或者绝望。在这种情况下，我们应该换个角度看待问题，现在虽然很困难，但这是迎接新开始的一个转折点。

如果我们能这样想，即便工作陷入了困境，也可能最终成为一项具有划时代意义的工作。在苦难中也可能会涌现出希望和勇气。

专注于今日

接下来的一年自己将以怎样的状态进行工作很重要，同时，自己每天的工作安排也是非常重要的。

如果是一名棒球选手，除了考虑今年要取得什么样的成绩外，还应该想着今天的比赛一定要赢。虽然不知道能否赢得比赛，但一定要拼尽全力去争取，这种心态是必不可少的。

当然，并不是总能一帆风顺。但是，每天都怀有这种努力去赢的心态，并认真思考实现的方法，是一件充满无尽的乐趣和喜悦的事。

励精经商

掷飞镖表演

很久以前我去看过一次小剧场节目，看到了掷飞镖表演。表演的人让他的妻子站在木板前，投掷了 20 枚飞镖，每一枚都准确无误地落在了目标上，画出了一个完美的人形。这个表演，稍有不慎就可能危及生命。

看完表演，我被震撼到，一直处于恍惚之中，没有比这更危险的工作了，而那位艺人每天都在做这件事。

转过头想一想自己，我真的投入这么多心血去经营自己的生意了吗?

当然，生意不仅与客户相关，还受到市场

的影响。从这个意义上说，经营生意比投掷飞镖更为复杂。正因为如此，经营生意更要拼尽全力，并且全身心投入地做。如果计划出了问题，就会像投掷飞镖失误杀人一样严重。这让我深刻地感受到商业的残酷性。

商业理念

一方面，商业是非常复杂的事情；但另一方面，也可以说商业是非常容易的。虽然具体哪里困难哪里容易不太好表达，如果用一句话概括就是当我们固执于自己的时候，就会产生各种各样的困难。这时，我们只从自己的立场出发看问题，而忽视了其他的声音，这种想法在处理事情时会带来很多的问题。

反之，如果我们以“我和这个世界是共存的”“这个世界上的人们总是善良地帮助我”的观念来对待顾客或合作伙伴，商业就会变得非常容易。

果断决策

经商的诀窍之一就是果断决策，而且做出的决策必须是合适的。那些发展得很好的公司，通常都能很好地做到这一点。

因此，负责人在日常工作中应该养成审视事物是否合适、是否妥当的习惯，同时努力迅速地做出决策。

红色尿液

当年我还在当学徒时，老板经常跟我说：“想成为一个合格的商人，你必须工作得连小便都变成红色。”老板想教给我下面这个道理：面临商业危机，每天担心不已，甚至绝望到考虑自杀的程度，这样的日子久了小便就会变成红色。一个人在经历过类似的事后更有可能变成一个合格的商人。

不知道这种做法是否适用于今天，但经营生意确实需要这样严苛的自我要求。

适时撤退

古时候被称为名将的人，据说都擅长撤退。

现在社会的商业活动也是如此，当我们意识到市场前景不好的时候，准确做出迅速撤退的决定是非常重要的。当然，这种决断通常不容易做出，所以，企业很多时候会在拖延中陷入困境。

无论如何，正确处理进退关系是非常重要且困难的事情。

企业存在的意义

利用全天下的人、金钱、土地和物资进行经营，但如果没有从中获得利润，也就是没有对社会做出贡献，这是很不应该的，甚至从某种意义上来说，这可以被称为罪恶。

企业的存在意义之一，就是取得相应的业绩并缴纳税款，为国家和社会做出贡献。

商业的使命

商业是无法剥离利润的，但是获得利润本身并不是商业的目的。重要的是，用心创造出世界需要的产品来提高人们的生活水平，并尽最大的努力为社会提供服务。这才是商业的价值和使命。

如果企业家能带着这种使命做生意，自然也就能从社会中得到适当的利润作为回报。

正确面对投诉

顾客大致可分为两种，一种是基本不挑剔的，另一种是会提出各种细节要求的。

虽然不太挑剔而直接购买的顾客也很受欢迎，但仔细想一想，更值得珍惜的是能够提出投诉并给予意见的顾客。因为这些要求和投诉对于自己的商业运营和商品改进非常有帮助。

精神加工

店铺虽然实际上并不加工所售卖的商品，但在精神层面上却是在对商品进行加工。也就是说，商家全身心地投入经营，将这份全身心的投入提供给顾客。因此，商家不仅提供商品，还赋予商品灵魂、真心、诚意、服务等元素。

重要的是正确评估这一点，并坚信自己应该得到适当的精神加工费用。这样下来，就可以在做生意时真正做到不卷入无意义的价格竞争中，同时也能做到令顾客真正满意。

做生意该有的状态

做生意的方法会随着时代的变化而逐渐改变，我感觉跟以前比起来，如今做生意“主动向顾客推销”变得更重要了。

假设你在做生意时，发现了一种让你感觉“这是个好东西，使用它真的很方便”的产品。这时，如果你考虑到“我要尽快让顾客知道这种产品，让他们高兴地使用它”，并且去拜访你的忠实顾客，并努力推销，他们很可能会自然而然地被你的热情所感染，并决定尝试使用这种商品。当客户实际使用后发现这种产品确实很方便时，他们会非常高兴。他们会想“那个人很热情，也很勤奋”，这样你就能赢得客户的信任，生意也就自然而然地发展起来了。

每个人都知道这个道理，但很多人并不能真正做到，这真是一件奇怪的事情。

适合自己的

如果仅仅因为附近店铺做得好，就不顾自己的能力去做同样的生意，结果往往以失败告终。做生意，还是要结合自己的能力和特长。

‖ 管理的有趣之处

当你怀揣着想把自己的公司或店铺做得更好的强烈愿望去参观其他公司或店铺时，一定能从中发现一两处值得学习和借鉴的地方。

将别人的这些优点与自己的创意相结合，创造出独特的新产品，这个过程就是经营的妙处和有趣之处所在。

嫁女儿的心态

将商品卖给顾客，从某种程度上讲可以被比作把自己的女儿嫁出去。

嫁女儿时总是会担心这担心那，比如，对方家庭是否喜欢自己的女儿，女儿能否在新的家庭中过得幸福。另外，与嫁入的家庭成为新的亲戚关系后，自然会涌起与以往不同的亲密之感。将商品视为自己的女儿，把顾客视为亲戚。这种心态可以产生真心实意的销售和热情的服务。

不是竞争胜负

在社会上，经常会听到“这个公司和那个公司是竞争对手”“这家赢了，那家输了”这类话题。

然而，商业不应该像体育或战争一样去竞争胜负。商业应该考虑顾客的便利，同时也要考虑整个行业的繁荣，始终追求共存共荣，这才是商业的真谛。

即使只卖出五件商品

做生意时，如果能卖出五件商品，就要相信：只要方法得当，自己后续还能卖出一千件。如果能卖出一千件，那卖出一万件也是有可能的。一种商品，如果一件都卖不出去那另当别论，如果有五位顾客购买过，则说明这种商品是受顾客认可的，因为顾客的想法不会有太大的差异。

接下来就取决于技巧、方法和热情了。如果这样想，做生意将变得更有趣，你也会得到更多鼓励。

夕阳产业

在工业界中，有些产业被称为夕阳产业。然而，即便如此，只要不是完全被时代抛弃的行业，就不难将其转化为具有进步性、符合时代发展需要的行业。关键在于如何做，这里面包含着无法用语言表达的商业的奇妙滋味。

适当的产出

无论是商业活动，还是我们的生活，原则上说，努力就会产生相应的成果作为正向反馈。

如果没有正向反馈，例如在商业活动中即使努力了也没有赚到钱，这通常是由思考方式或方法上的错误导致的。只有在这些错误被纠正后，努力才能产出适当的成果。

‖ 不断受教

以前的商人都是从学徒做起的，跟着老板和掌柜的，一边挨骂一边学习怎么做生意，一点一点地锻炼自己的商业头脑。只有经过这个过程，才能真正成长为一名出色的商人。

无论形式如何变化，严厉的批评和指正对于现代人而言依然是非常重要的。

政治的技术引进

过去一段时间，日本的工业取得了显著的发展，其中一个重要的原因是引进了大量外国技术。虽然我们将一定比例的销售额作为技术费支付给了外国，但我们得到的回报却远远超过了这个数额。

目前，日本的政治面临各种问题，为实现更好的政治，可以考虑效法工业中引进外国先进技术的做法，例如将日本税收的2%用于引进更好的外国政治技术。

真正的服务

做生意离不开服务，离开服务生意也就称不上是真正的生意了。在这个意义上，服务可以被视为商人的义务之一。

然而，如果把服务看作是一项单纯的义务，并勉强地做这件事情，那将会非常累人。不仅会让我们疲惫不堪，也会让客户感受到我们的“无奈”。服务，本质上是要让对方感到高兴，并在此过程中让自己也感到快乐。在这种愉悦互惠的过程中，才能真正体现出服务的本质。

适当的规模

比起小的，人类一般倾向于喜欢大的，通常会把形式做得更大，即便它的内容并不需要。此外，人们也通常会认为将事物做得更大是一件好事。但是，我个人认为这种想法非常危险。

例如，就做生意这件事而言，有些商家原本在小巷里开店时生意很兴隆，一旦把店铺搬到繁荣的主干道旁就会破产，这样的情况很多。因此，应该根据自己的实力保持适当的规模，并在此基础上进一步提高自己的实力。

拓展事业

最高的热情

理想的经营者应该是怎样的呢？当然，如果在各个方面都比别人优秀是最好的。但是，事实上，很难找到这样的人。

作为经营者，我个人认为至少必须拥有比其他人更强烈的热情，这是最重要的。智慧、知识、才华等不要求一定非常出色，但对经营的热情必须是最高的。

如果一位经营者拥有这种热情，他的下属或员工也将对此产生共鸣并发挥各自的最高水平，有智慧的人会发挥他们的智慧，有才华的人会发挥他们的才华。我认为良好的经营正是从这里开始的。

先见之明

为了不被雨淋湿，应该预见到可能会下雨，并准备好雨伞。商业活动也是如此，为了顺利地发展，日常就应该不断考虑将来可能出现的事情，以便在必要时采取适当的措施。

当然，要有先见之明可能是很困难的，但这是经营中最重要的事情之一。

追求进步

当一个公司的社长很严格时，这个公司的节奏会比较快，处于紧绷状态。这是因为该公司的社长总是追求进步。

当然，如果追求进步的方式不当，可能会招致反感，适得其反。因此，必须采取适当的方式。但无论如何，如果社长能够一直对员工有适当的要求，并给予适当的压力，该公司就会不断发展壮大。

下属

当下属浪费了一张纸时，我会责备他们。但是，当我把一件事交给某人去做，他们非常努力，即便最后失败造成了数百万日元的巨大损失，我也会尽量用“你不用过于自责”的话语安慰和鼓励他们，这是让所有人都乐于工作的原因之一。

虽然我们不能只在小事情上纠结而忘记重要的事情，但有时候，在注重小事情的同时，也要对重要的事情有一定的豁达心态，这也是一种行事方式。

率先垂范

当公司很小的时候，负责人可以带头做事，手下的员工也会跟着做。但是，当公司变得越来越大时，情况就不再一样了。

当然，即使不能直接对每个人下指令，负责人也要起到带头作用，就像公司还很小的时候一样。

保持年轻

经营这个东西不能老化，即使是拥有百年历史的企业，经营层面上也要始终保持年轻活力。但是，在实际操作过程中这并不容易，特别是当企业变得越来越大时，企业内部的血液循环变得越来越困难，很容易出现老化现象，这是非常普遍的。

正因如此，保持这种年轻活力，就是做好经营的关键之一。

新员工

有一种看法认为不断吸纳新员工才能使公司的综合实力得到提高。

但是，新员工一开始并不能胜任一流的工作。与此同时，为了带新员工，老员工也不得不花费时间和精力，可能会导致自己的工作效率有所降低。换句话说，每个人的力量暂时可能反而降低，某种意义上公司整体上也可能变得弱化。

如果没有清醒认识到这一点，认为只要人多力量就会增加，很可能会导致不好的结果。

如车轮一般

公司和工会可以说是公司运营马车上的两个轮子，如果其中一侧的车轮因为强大而变大，而另一侧被挤压变小，这辆车将很难正常向前行驶。

所以，只有两个轮子大小适当、力量平衡且协调，这辆车才能向前行进。

实际工作空间

一次，我与美国某家大型企业的领导人会面时他问我：“在日本的工厂中，实际的工作空间，也就是直接为生产做出贡献的面积大约是多少？”我回答说：“嗯，大约是70%吧。”然后他说：“那太奢侈了。在美国，我们正在努力将这个比例提高到90%。在剩下的10%的空间中，我们使用各种技巧来增加走廊等区域。”

我对经营的严苛性有了新的认识。

真正的合理化

有时候会听到合理化会导致劳动强度增加、过度劳动的说法。但是，真正的合理化应该改善工作方式，让每个人都能充分发挥自己的才能，轻松愉快地提高效率。

从这个意义上说，合理化导致劳动强化是不应该存在的，如果有一种合理化会导致劳动强化，它就偏离了真正的合理化，不是吗?

不仅仅是工资

公司向每位员工支付薪水是理所当然的，也是非常重要的。然而，如果认为只要支付员工薪水就足够了，那就错了。我们必须不断考虑如何发挥每位员工的能力，如何让他们学会真正有用的、对世界有益的技能，并为他们提供这样的工作机会。

这不仅有助于员工个人能力的提高，而且还有助于公司的发展。

提高信誉

资金充足、技术先进等因素可以提高公司信誉，但是，最吸引人的公司还是那些能够使每一名员工都理解公司的使命，并且热情、友好地工作的公司。

这样的公司会获得客户和社会的好感，也会获得大家的信任，提高信誉。事实上，这样的公司往往在技术和管理方面水平也很高，能够做到稳步发展。

降魔的利剑

刀和资本是非常相似的东西。刀可以成为智者手中的降魔之剑，能够消灭邪恶，但如果被愚者使用，也可能会伤害他人。

同样地，资本也是如此，取决于使用者的行为，它可以带来自身和他人的繁荣，反之，也可能带来各种弊端。

总之，无论是资本还是刀，它们本身并不是祸患的根源，问题在于使用者。

大企业

一般情况下，在相扑比赛中，大个子的相扑选手通常会更强壮。但实际比赛中，有时体重高达 190 公斤的选手也可能输得很惨。

同样，对于企业，通常人们认为规模越大越好，但如果没有相应的管理能力，越大的企业往往越容易陷入运营瘫痪的困境。

改进

有时候，当人们想要通过改进产品以避免残次品的出现时，反而会生产出比以前更多的残次品。这是因为只考虑了当前的缺陷并进行改进，而忽略了可能会出现的新问题。

这种情况在社会的各个领域都可以看到。

‖ 企业经营者

作为企业经营者，不仅需要拥有资本和经营能力，还要时刻考虑社会责任和社会正义，以此来推动企业的发展。

否则，资本的粗暴经营很可能会给其他企业和行业，甚至社会需求方造成重大的负面影响。

服务社会

几乎所有的公司在其经营理念中都融入了“服务社会”的概念，这是作为经营者绝对不会忽视且必须思考的问题。

但更重要的是，公司对这一概念的全面实施情况，将直接反映在公司的实际经营中。

中小企业

我曾经伴随企业一路从小公司发展壮大为大企业，对于不同企业规模的各发展阶段都有认识。现在想起来，最让我有工作满足感的是在员工数量在 50 到 100 的公司。因为大家能够做到齐心协力，配合默契。在大企业中，要充分发挥一个人的力量并不容易，但在 50 人到 100 人的中小企业中，能够更容易地发挥出一个人的力量，甚至发挥出他们百分之百甚至百分之一百五十的能力。

尽管现在的中小企业存在各种问题，但中小企业的经营者也应该认识到自身的优势，自己所处的环境更有助于人们获得工作满足感。经营者应该认识到让自己处于一个拥有工作满足感的地方也是很重要的。

盈利

盈利不是最重要的。重要的是，如何以正确的方式与他人协调，以适当的利润稳步前进。

自己领悟

管理学是可以教授和学习的，但是，充满生气的生动的管理却是无法教授或学习的。当然，教授和学习的东西也会有一定的参考价值，但最终还得靠自己领会。

要想自己领悟到这种生动的管理，需要有一个自我领悟的场所，而这个场所就是每个人所属的公司、店铺和社会。

倾听社会的声音

员工会向主任请教问题，主任会向课长请教，课长会向部长请教，依此类推，每个人都向自己的上级或资深同事请教并学习。[1]这样一来，员工们就可以快速理解不会的事情，扩展知识范围，无误地开展工作。

但是，当一个人成为社长或会长后，就再也没有可以向上请教的人了。该怎么办呢？在这种情况下，我认为，首先必须听取社会舆论，了解社会现在对自己或自己的公司有什么要求

1 “主任”“课长”“部长”均为日本企业中的职务名称，职级依次变高。——编者注

或建议。然后，遵循这些要求或建议。

我认为，倾听社会的声音是非常重要的。

携手前进

责任在己

最近的社会似乎倾向于在发生任何不好的事情时立刻把责任推给别人。他们会把过错归咎于社会不好，或是某个人的过错，试图把责任转嫁给别人。

但是，我认为现在所有人都应该有一种“责任在自己身上”的思想。这样才会认真地反省，才能从失败中吸取教训。反之，总是试图把应承担的责任转嫁给别人的企业和社会是不会取得进步和发展的。

自他相爱的精神

为了消除人与人之间的争吵和国与国之间的战争，为了实现人类的和平，有很多方法，但我认为最重要的是具有自他相爱的精神，即培养相互尊重的精神。

但是，这种精神仅仅作为知识教授是实现不了的。只能从孩童时期开始，通过家庭、学校或社会的各个方面的日常训练和教育，来体验式地学习这种精神。

武士的借据

据说，过去武士的借据上写着：“如果无法偿还，就在众人面前被耻笑。”武士在众人面前被羞辱比死亡更加痛苦。因此，这句话的意思可能是“我会拼命还清它”。

但在现在社会，很多人可能会认为“在众人面前被耻笑比偿还债务更划算”，他们也不愿意为了还债而不惜付出生命。但无论如何，借他人的东西必须还清。

道德与战争

现在有一种说法，道德教育导致战争。在第二次世界大战期间，如果日本拥有爱人如己、像爱自己国家一样爱其他国家的高尚道德，也许那场战争就不会发生了。

我想，我们不应该忘记的是，道德本身并不能导致战争，是真正的道德的缺失导致了战争的爆发。

诚意与真心

当今社会，有些人认为“诚意”和“真心”这样的词语有些过时了。但我相信这是一种极大的误解。作为人类，最宝贵的不就是一心一意地尽力做到最好，同时也活得精彩吗？

实际上，我们的这种态度和精神，在不知不觉中支撑着社会生活，支撑着职场生活。

各司其职

当我们普通人穿着普通的日常服装去提醒违规者或者试图进行引导交通时，很可能会被人嫌弃甚至咒骂。然而，如果是着装整齐戴着臂章的交通警察，大家就都会听从指挥。换言之，只有站在这个位置上的人去做，上述提醒和指挥才会被大家接受。

这同样适用于店铺、公司、组织，甚至国家的经营管理。该说话的人说话，该做事的人做事，只有这样，才能更好地管理每家企业。

社会责任感

我们磨炼技能或提升人格魅力，不仅仅是为了自己，也是作为社会人应该承担的重大责任。

如果其他人已经提升了三个级别，而自己却毫无改变，就会拉低整个社会的平均水平。如果每个人都有这种社会人的责任感和团结意识，我们的社会就能够实现显著的提高，取得长足的发展。

‖ 强者的责任

如果力量强大的人持有正确的想法，社会就能顺利发展。反之，如果强者滥用其力量，就会引发社会混乱。

在经济领域，如果顶尖企业和领军企业坚持走健康的道路，整个行业必然会繁荣。但如果这些公司在市场上恶性竞争，整个行业就会疲弱不堪。同样，国际关系也是如此。如果大国能做到按照国际规则行事，就能维持世界和平；否则，全球安全就会受到威胁。

因此，无论是个人、企业还是国家，强者

都承担着对他人的重大责任。我们需要意识到这一点，时刻提醒自己“何谓正确”，坚持走正确的道路。

丰富性

无论哪种思想或宗教，都坚信自己的理念是好的。

但是，我们不能被这种想法束缚住。就像色彩一样，只有一种颜色是单调的。只有各种颜色混合在一起才能产生美丽的、有韵味的丰富色彩。

世间存在的思想和宗教有很多种，只有在它们发挥出各自的优点并共同进步的过程中，才有可能促进整个社会的进步和繁荣。

物价下降

有一种观点认为，物价会随着经济的发展不断上涨。

这个说法确实有一定道理，但随着手工制造变成效率更高的机器生产、人力车被卡车所取代，制造成本和运费就会相应降低。也就是说，生产力提高了。因此，原则上来说，随着时代的进步，物价应该有所下降才对。

法律的改革

为了保证我们的社会生活更加和谐，法律是必不可少的。

在日本，人们只知道一味地制定新法律，而不知道适时地废止那些已经落后于时代的旧法律。因此，法律如同森林一样葱郁拥挤，以至于空气都难以流通。

这样反而影响我们过上舒适的生活。

代价

如果你想要一辆汽车，是不可能免费获得的，你必须付钱购买。也就是说，想要得到什么，就必须付出相应的代价，这是常识。

然而，最近似乎出现了一种自私的思潮，人们只想满足自己的愿望，却不愿付出代价。

哪个更多？

在我们的生活中，我们不仅要为别人提供服务，也会从很多人那里得到服务。如果每个人接受了十份服务却只返还了九份，社会就会逐渐变得贫困。社会繁荣在于每个人虽然只接受了十份服务，但愿意返还十一份服务。这样，服务的意识才能在整个社会中传播开来。

虽然这是显而易见的事情，但无论是个人还是公司，我们都需要反省自己服务的总量是否比接受服务的总量更多。

景气与否

在过去，农作物的收成情况左右了社会是景气还是不景气，但是随着科学不断发展，如今社会的景气与否已经不再取决于自然，它是人为制造出来的。

从本质上讲，大到政治，小到每个人的想法，都影响着经济的发展情况。

物品的价值

不管什么东西，都蕴含着制造者的灵魂，因此具有相应的价值。但是，由于生产过剩，有时甚至过度生产，最近物品的价值似乎正处于贬值的趋势中。

不要认为物品数量多就会价值低，也不要粗暴对待它们。即使是一次性用品，我们也应该对它们表示感激之情。只有抱有这样的心情，制造者才会有更高的满足感，并用心制造出更好的物品。

‖ 社会服务的第一步

服务社会是社会人的一项重大责任。但是，与其特意去做一些事情，不如通过自己的工作为社会做出贡献，这才是服务社会的第一步。

道歉

如果由于自己的原因引发了事故，或者给别人带来了伤害或困扰，首先要做的就是真诚地道歉，这是一个人责任感的体现。

但是，最近几年，我发现人们的这种责任心越来越淡漠了。

支持领导者

如果领导者缺乏责任感或指导能力，整个团队的能力就会变弱。因此，领导者需要足够清醒的自我意识和足够强大的能力。

但同样重要的是，团队成员要大力支持领导者，如果他们对领导者进行无端批评，或者做出让领导者为难的事情，即使领导者再优秀，团队也将变弱。这个道理，同样适用于国家政治。

对立与和谐

世间万物本来就是在对立与和谐中共存的。如果只有对立而没有和谐，虽然可能会有进步，但最终还是会陷入混乱。如果只有和谐而没有稳定，就不能期望高度发展。因此，对立与和谐是必须并存的。

例如，今天的产业界存在过度竞争的问题，可以说这正是一种对立太多而和谐不足的状态。

社会教育

最近人们经常提到“教育”，但需要注意的是，除了家庭和学校的教育之外，还有社会教育，也就是职场上的教育。也就是说，（社会教育就是）培养作为社会人和职业人的自觉性和责任感。

那么，应该由谁来进行这种教育呢？尽管公司或企业的角色不可忽视，但考虑到工会对工会成员所拥有的影响力，工会自然在其中也扮演着非常重要的角色。

因此，工会领导人需要尽力满足工会成员的要求，并为提高他们的福利而努力。同时，对于工会成员来说，正确的社会教育也非常重要，他们需要提出自己的想法并为之努力。

铸就未来

利用一切

和平是人类的共同愿望，但是现在的世界却到处都是严重的冲突和战争。虽然引发战争和冲突的原因有很多，但根深蒂固的思想对立是不可忽视的。各种主义主张的束缚，使得普通人陷入不幸。

静静想来，不同的主义主张都有其优点和缺点。所以，我们各自取其精华，求同存异，灵活运用每一种思想，如此才能实现长足的发展，并开创出通向多彩未来的道路。

诸行无常

佛教有一种说法，“诸行无常”。现在一般被解释为“世间万物是瞬息万变的”。我们将“诸行”解释为“万物”，“无常”视为“流转”，也就是说，万物都在不断地变化，这就意味着进步和发展。

人类的思想一旦改变，社会也会随之发生变化，政治和国家也会改变，这就是进步。换言之，“诸行无常”意味着万物流转、不断变化发展，也可以解释为每天都有新的改变。

宽严相济

如果父母从不严厉地讲话，只是惯着孩子，除非孩子本身素质非常好，否则很难健康地长大。在必要的时候要严厉，需要关怀的时候要给予关怀。对待孩子要宽严相济，这样他们才能健康成长。

“宽严相济”的教育方法，流传了几千年，是教育的真谛之一。

战争与进步

据说有一些人认为，战争促进世界进步，人类的进步是通过战争实现的。的确，在漫长的历史中，这种看法可能有一定的道理。然而，即使在某些方面上确实如此，这种观点也是不可接受的。

首先，认为遭受战争等不幸事件可以实现进步，是缺乏常识的。人类必定有一条不需要战争就能实现进步和发展的道路。寻找这条道路，是人类真正需要解决的重大问题之一。

失败是成功之母

我们有时会犯出乎意料的错误。当意识到自己犯错时，当然应该立即改正，但在这种情况下，我认为还有一件重要的事情，那就是在改正之后更进一步，创造全新的东西。这样一来，失败反而可能成为日后发展的契机。

“失败是成功之母”这句话大概就是这个意思吧。

未来学

最近，未来学非常流行。但同是未来学，学者的预测与政治家的预测各不相同。

学者是基于对过去的分析得出预测结果的。与之相对，政治家则必须根据自己的世界观和人生观，创造性地提出一种理想。换句话说，不是简单地说未来会变成这样或那样，而是必须创造一个每个人都能幸福生活的社会。为此，需要付出努力以创造未来。我想，我们今天最需要的是这些政治家的未来学。

创新意识

宇宙火箭登上月球，人类开始在月球上行走。这在以前根本无法想象，但现在已成为现实。

在我们的日常生活中，有时我们认为某种方法已经是当前最好的方法，改变思路后很可能还有更好的方法，或者说隐藏着更好的方法。所以，我们在所有事情上都要努力追求创新。

变革与进步

人类历史，换言之，就是一段变革和改进的历史。例如，资本主义国家与社会主义国家在社会经济政策上出现相互影响、相互借鉴的趋势。社会形态正在随着时代的变迁和进步而变化，陈旧的理论正在逐渐失去效力。

没有变革就没有进步，这是基本原则。

税金的效率

那些税收高但社会环境不尽如人意的国家，就好比那些高价卖粗劣商品的店铺，这种店铺迟早会倒闭。

所以，原则上国家应该用更低的税金打造更宜居、更便于开展工作的社会，这才是真正繁荣的国家。

如果不教授礼节

虽然有句话说“仓廪实而知礼节”，但如果没有人教授礼节，人们是不可能了解它，也不可能明辨是非的。在贫困的状态下，即使教授礼节，也很难遵守。而如果有充足的衣食，礼节也就相对容易被遵守。

在今天的日本，衣食已经相当充足，但是否真正强力地教授礼节了呢？这很难说。

创造力和智慧

年轻人有创造和开拓事物的力量。然而，为了判断事物的优劣，尊重老人的经验也是非常重要的。

当年轻人的强大创造力和老年人的经验智慧实现适当的融合时，就会取得巨大的成果。

爱自己

像爱自己一样爱别人、爱工作、爱城镇和国家，这才是真正爱自己的方法。如果周围的环境和所属团体，甚至整个社会都没有得到改善，人们的生活也不可能实现真正的繁荣。

“人皆有党”

在圣德太子[1]所著的十七条宪法中有一句话，“人皆有党”。也就是说，只要人聚在一起，就会自然地形成团体或党派，这是人性的一部分，也是自然法则。因此，与其将这些党派或团体视为坏事而排斥它们，不如坦诚地承认它们的存在，并利用它们为整体服务。近年来，各个组织都在呼吁“解散派系”，但我认为派系不应该被解散，而是应该在更好的方向上发挥作用。这时，圣德太子的另一句话，“以和为贵”的精神就尤为必要了。

1　日本古代著名的政治人物，飞鸟时期的摄政大臣。——编者注

前辈

年轻人，尤其是青少年，都会不自觉地受到前辈和成年人的吸引，想要学习和模仿他们。因此，如果前辈们能够说出人类应该是什么样子，或者应该怎样做才能有意义，年轻人也会这样理解，并按照这种理解成长。

然而，最近很少有人这样说了，这将会导致许多问题。

每一个人

繁荣是所有人都渴望的，但这不是一种被赋予的东西，而是需要我们每个人努力去创造。我们每个人都应该意识到自己承担着一部分实现繁荣的任务，认真思考自己应该怎么做并积极实践。

一切物品都有用

某种意义上，所有存在于世界上的物品都是有用的。即使是人体中作为无用部分被排出的粪便，如果施于田地也可以使作物茁壮成长。青霉菌被用于医学领域，甚至病毒和细菌也可能在未来被发掘出用处。也有许多物品，虽然有存在价值，但由于至今尚未找到利用方法而被视为有毒物质。这样想来，人类发展的前景是无限的。

怒目而斥

现在的孩子们好像很少被父母或老师厉声训斥了。

当然，不被批评也是好事，但在人的成长过程中，有时候被严厉批评也是很有必要的。

适度

说到“适度”或“适当”，这类词总让人感觉有些模棱两可，不甚清楚，是很微妙的词语。

我们吃东西的时候，如果超过一定的限度会很不舒服，也就是说，这种本能是与生俱来的。同理，自然规律也会在人类活动和社会运作中起调节作用，适度和适当也就自然地存在。

虽然很难用人类的智慧来解释这件事，但在任何情况下，寻求适度和适当都是非常重要的。

提高价值

所有的东西，都应该努力提高自身的价值。即使是随处可见的黏土，通过充分的揉捏和烧制，也可以成为一个漂亮的花瓶。

人类文化的发展，本质上就是提高物品的价值并加以利用的过程。

寿命

手推车和马车，在历史上的某段时期内，对人类非常有用。但现在，它们几乎都被汽车替代了。我想，科学、思想甚至宗教也都有一定的期限，即寿命。我们必须认识到所有的事物都有寿命，从而寻求新的事物，这样一来，我们人类才能不断发展进步。

教育的本质是教授本质

据说以前的领主往往是娇生惯养着长大的。他们一直被宠爱着，往往不清楚领地内下层人的艰辛，不了解人心，因此很容易成为暴君或被称为愚蠢的领主。

但是，如果有人告诉他们，即使是他们吃的一碗饭，“这米饭是由领地内的穷苦人历尽千辛万苦才生产出来的”，领主就会意识到“领民很辛苦，就算是一粒米也要珍惜”。

教育就是要正确地教授事物的本质。古代被称为明君的人，大多数情况下都接受了这种教育，后来才成长为优秀的君主。

而今天的教育是否真的在正确地教授人们事物的本质，培养出“明君”一样的人呢？我们不得而知。

全人类的和谐

现在，人类已经进入了能发射登月火箭的新时代。但与此同时，在地球的某个角落，还存在着食物短缺导致营养不良和饥饿的悲惨现象。

作为同一时代的人类，为什么会有这么大的差异呢？我想，这正反映了实现全人类和谐与合作的难度之高。

但是，无论多么困难，只要人与人之间真诚合作、集中智慧和力量追求繁荣和幸福，我相信人类共存共荣并不只是梦想。

重视政治

工作忙不是借口

我们的国民不应该因为自己工作忙就对政治漠不关心。因为努力工作是否能得到应得的回报，完全取决于政治的好坏。

从这个意义上来说，我们每个人都应该在努力做好自己的工作的同时积极关心政治，并为营造更好的政治氛围而做出努力。

志在成为政治家

要打造好的政治，重点在于要让好的人成为政治家，特别是要让一批批有前途的青年立志成为政治家。优秀的年轻人为了政治梦想刻苦钻研，不断增长自身的见识，这一点非常重要。

然而，最近在我们国家，立志成为政治家的年轻人似乎非常少，这可能是因为政治家这种职业没有吸引力。但无论如何，这绝不是一件可取的事情，在位的政治家和我们国民都必须认真思考如何激励年轻人志愿成为政治家。

对政治的要求

哪里有需求，哪里就有供应。同理，在有需求的地方也会出现相应的成果。例如，如果没有需求方的强烈需求，工厂就不会生产出好产品。政治也是如此，如果国民不提出要求，也就不会有好的政治。

一个人的力量

据说，越后国主长尾为景去世后，优柔寡断的儿子晴景继位，他掌权后本来处于治世的越后国突然陷入混乱和纷争的状态。由此可见，一个人的力量可能会让一个国家兴旺或衰亡。因此，掌权者具有巨大的影响力。

在今天的民主社会中，这种影响力也并没有太大变化。无论是在国家、公司、学校还是家庭中，如果掌权者有能力，事情通常都能够顺利进行。作为领导者，必须充分意识到这一点。

告知国民

在一家公司中，让员工知道公司的总裁现在的真实想法是非常重要的。否则，员工将失去希望和动力。最终，该公司可能也会停止发展。

国家也是如此，如果国家的领导者不明确地告诉国民他们管理国家的施政方针，以及他们对国民的要求，国民可能会变得非常困惑和不安。

发挥民主制度的作用

如果问民主制度和封建制度哪个更可取，可能每个人都会回答民主制度。但是，在有明君出现的封建社会，政治也会运转良好。而在民主制度下，如果人民没有作为国家主人的意识，国家也有可能运转不下去。

无论哪种制度，单凭制度本身并不能完美。即使在民主制度下，只有当国民拥有高尚的良知和强烈的责任感时，才能真正实现制度的优越性。

互相问政

在议会中，受责备的总是政府和执政党，责备的一方永远是在野党。但是，我想反过来也是可以的。

既然执政党和在野党都在议会中拥有席位，就应该有一种共同的责任来提高国民的福利。因此，在政府和执政党无法想出好的策略的情况下，可以向在野党提问和问政。

为了收集好的想法，相互问政是非常重要的。既然有议会这个机构，就应该在那里大力追问在野党的好主意。

关注政治

主权在民，作为民主制度中的权利人，国民必须关心政治。即便是优秀的演员，如果没有观众关注，也会失去干劲。如果国民都不关心政治，政治也将失去活力，也就不可能有好的政治。

每天早上，国民们可以互相问候：“早上好，我们都应重视政治吧。”如果政治变得如此引人注目，政治家也会感到非常有动力，也就有可能开创出更好的政治。

横征暴敛

在封建时代，领主和地主单方面决定税收并强制收取，这通常是一种苛酷的行为，被称为“横征暴敛”。这种行为有可能引发领民反抗，甚至有时会导致藩的瓦解。因此，有良心的领主会努力施行善政，尽可能地减少税收。

然而，在民主制度下，由选民选出的代表决定税收。这样一来，即使税收非常高，责任也变得模糊不清。无论是征税还是被征税，都可以说是国民自己的责任，也就没有了不平的发泄口。

换言之，在民主制度下，如果主权者没有足够的自觉性，就会比封建时代更容易发生横征暴敛的现象。

营销部门

即使制造出更优质的商品，如果人们不知道它们的存在，也不可能销售出去。为了让优质商品在人们的生活中发挥作用，必须做好营销，告诉顾客“这是一个很好的东西”。这就是广告营销的意义。

这也同样适用于国家政治，政府有再好的政策，如果不明确告知国民，国民也无法理解这些政策的好处。只有政府做了足够充分的正确宣传，国民才会“购买政府制造的商品”，赞成并协助政策的实施。

因此，大多数私人公司都有广告营销部门，

这些部门也受到足够的重视。在国家层面上，设立一个宣传部门，让国民了解政府的真实意图，也是很有必要的。

政治权威

想要在社会上树立良好的风气，让正确的被认可、错误的被改正，首先应该在政治上树立这种风气。

如果政治上有这种明确的是非善恶标准，就能逐渐影响到所有国民，这才是政治权威受到尊重的原因。但在今天的日本，这种政治权威已经在减弱。

美国的执政团队

在美国，总统是通过选举产生的，但执政团队的成员并非议员，其中大多数是民间出身，里面也有许多经济界人士。对于这件事的评判并不是绝对的，但由此给国民一种印象，即在国家治理和企业经营上，经济是很受重视的。

这也可能是美国国民收入高的原因之一。

政策的调整

第二次世界大战刚结束时粮食不足，政府采取了各种积极的优待和鼓励政策，尽可能多地生产主食大米。这个政策在当时大受欢迎，大米不断增产，渐渐缓解了粮食不足的问题。

在大米已经充足的情况下，难道不需要对鼓励生产大米的政策进行变更吗？我想，这也是今天大米过剩，使消费者和生产者都感到困惑的原因。

随着时代的变化，情况也在变化，因此需要根据情况调整政策，这是搞好政治的要点之一。

政治生产率

在经济领域，管理合理化可以带来生产率的提高。同样，在政治方面，合理化工作对于提高政治的生产率也非常重要。

政治生产率的提高成果比企业的生产率提高要大得多，对整个国家和社会都能产生重大影响。所以，政治生产率在政治领域尤为重要。

国会质询的宝贵机会

在国会上，大臣接受议员的质询并进行回答。虽然在形式上回答是针对质询的议员，但实际上应该认为是针对全体国民的。因为议员是通过选举选出来的全体国民的代表。

因此，接受国会质询对于大臣来说是一个展示自己信仰给全体国民的绝佳机会。这被认为是向国民广泛宣传自己思考的方针和政策并请求合作的最佳机会。

然而，近年来的国会是否忽略了国民的存在？重点错放在个人议员或其所属政党的答复上了呢?

如果是这样的话，这个宝贵的机会就被浪费了。

政治家和体力

政治家如果没有足够的体力，就无法完成工作。确实，政治家的工作是非常繁忙的，因此需要相当的体力。

但是，政治的工作又不像激烈运动。因此，即使是身体虚弱的人，也应该通过高超的见识，创造出真正能给国民带来繁荣的政治，这是基本要求。

独立审议

经常听到独立审议，但如果有两个议员，就不能称为独立审议了。这是因为每个议员本质上都是全体国民的代表，而不是政党的代表。因此我想，仅仅由属于同一政党的议员进行审议称为独立审议实际上并不准确。

无论是议员还是国民，都应该认识到这一点。

传统的精神

每个国家都有自己的历史，在历史的长河中形成了特有的传统精神。因此，即使从外国引入新事物，也应该以这种传统精神为基础，将其消化吸收，并创造出适应自身国情的独特的新事物。如果忽略了这一点，无论引入什么都将成为无根之草，无法长久存续。

现在，日本的民主主义出现了各种问题，其中一个原因可能就是在引入民主主义时没有与日本的传统精神充分融合，因此出现了一些缺陷。

先行一步

政治，应该先行一步预测需要做什么并采取行动，而不是被迫采取行动。看看我们国家现今的政治情况吧，我认为这一点似乎有些滞后。这或许是因为政治家或国民对政治的思考方式还不够严谨吧。

少数的暴力

通常情况下，当少数意见被忽视时，会说“多数派的暴力”。但最近，我们却经常会看到相反的情况——一小部分人会用暴力的言行压倒多数人的意见，掌控整个局面。

这种情况不仅不如多数人的专制好，而且产生这种情况的原因很可能是多数人不够关心这些事情，虽然他们并不是完全不关心。少数的暴力行为，归根结底是所有人的责任。

‖ 站在国家立场

我们可以从自己的角度来评论政治，但同时，我们也需要更多地从整个国家的立场出发来思考政治，认真对待这些问题。例如，国民应该更尊重政治家，而政治家也应该以国家和国民利益为重，投入更多的热情到政治工作中。这样，才会产生更好的政治，国民的福祉也才有可能提高。

社会观

无论是企业经营还是国家经营，都需要制定五年或十年后的预案，并做好应对之策。更重要的是，作为企业家和政治家，需要拥有未来五年或十年的企业观和社会观。

不仅要对社会未来的变化有所预见，还要思考把社会建设成什么样子。在此基础上，根据时间的变化灵活应对。

政治研究

在产业界，企业会投入数十亿甚至数百亿日元进行技术研究。然而，在今天的我国政界中，又有多少人在认真对待政治研究和政策研究呢？即使有在进行，感觉力度也不够。

政党或政治家应该更加注重政治研究和政策研究，始终将政策定向于国家和民族的繁荣和发展，培养高尚的政治理念。

没有菜刀的厨师

“做饭吧，但是别用刀。”我相信不管多么高明的厨师，面对这样的要求，都是无法办到的。

同样，如果一个公司或组织，或者一个国家，经营者没有相应的权限或权力，再优秀的人，也很难取得成功。

现在，有一部分人认为权力与民主主义相悖。按照这种思考模式，一切权力或权限都不被承认，民主主义下的组织运营和国家政治都将无法维持。

如果手握菜刀的厨师用它伤人，这时我们夺走他手中的刀是合理的，能做到这一点的正是民主主义。

有价值的

除了大自然的慷慨馈赠，原则上越被需要的东西越有价值。

同理，在人类社会也是如此。对于公司和国家而言，被需要的人才应该得到认可，应该得到相应的待遇，而受到优待的人也更有动力好好工作。

例如，如果首相每月可以获得一亿日元的工资待遇，我认为，这完全可行。如果政治运作得当，他将为国家和人民带来更多的东西。

展望未来

贡献世界

佛教起源于印度，但在印度衰落后，反而在中国、日本、泰国等国家作为一种精神文化兴盛起来。面对科技发达的西方国家，日本同样积极地吸收这些科技，并在其基础上创造出新的东西，成为发达国家之一。

因此，我们可以认为，日本人有这样的优良特质——只要抓住一颗好的种子，就能把它种在自己的土地上，培育出美丽的花朵，并结出果实。

然而，我认为这样还不够。现在，我们需要创造出自己的新思想、新技术等，为世界做出贡献。

合理的速度

如果以 30 公里 / 小时的速度驾驶汽车，虽然速度较慢但安全性高。但是，如果将速度提高到 100 公里 / 小时，随着速度的提高事故发生概率会增大，危险性也将增加。第二次世界大战后日本经济的增长就是如此，以 100 公里 / 小时的速度前进，赶上慢慢前进的发达国家，在某些方面已经超越了它们。然而，也因此产生了各种扭曲和不平衡。

因此，我们需要将速度降至合理的范围，并纠正各种不平衡，实现稳健的增长和发展。否则，我想，还有可能会在某处出现严重问题。

知己知彼

我们国家今后必须更加积极地发展出口，这是必然的。为了实现这一目标，首先必须充分了解对方国家需要什么样的东西。

即使我们的身体在日本国内，心却要放在对方国家，深入了解对方的真实情况，只有这样才能有效满足对方的需求。这样做有助于推动出口，对我们自己的国家也有好处。我们应该多关注对方国家，只有深入了解对方国家的真实情况，才能满足对方的需求，甚至对我们自己国家也有所裨益，从而实现良好的出口。

十年之后

如今是一个快节奏的时代。从某种意义上说，现在的一年相当于德川时代的十年甚至二十年。因此，法律和制度等制定十年后，可能就不再符合实际情况。

因此，我认为有必要每三年或五年审查一次这些内容，并根据时代的需要进行适当的调整。

不仅是法律和制度，有时也需要从这种角度重新审视我们周围的事物。

居安思危

现在的日本，似乎有一种沉醉于太平心态或者休闲心态的倾向。某种意义上来说，这是一种很好的状态，但在历史上，太平时期大多不能持续很久，除了德川时代三百年没有战乱之外，全世界其他地方战争不断。即使是现在，战争仍在各地发生。

因此，我们沉迷于太平心态只能是短暂的，未来很可能会被卷入动荡、波谲云诡的时局中，我们必须清醒意识到这一点。

服从正当的安排

最近人们经常说“不服从不正当的支配和干涉”，这本身并不是什么坏事。但是，在当下社会中，人们避免被支配和被干涉的急切程度，有时会导致把所有东西都一边倒地视为不正当。

想一想，不服从不正当的支配，等于服从正当的支配。因此，除了排斥不正当之外，我们也要保持一种服从正当之事的态度和心态，这是非常重要的。但在当下的日本现实中，这个好像被忽视了。

勤劳的品质

据说，日本的钢铁产量已接近每年一亿吨，在总产量方面排名世界第三，但如果按人均计算，已经超过苏联和美国，可以说是世界第一了。而且，这种钢的质量好，价格也便宜。另外，作为钢铁原材料的铁矿石和高粘结煤几乎全部需要从海外进口。

在第二次世界大战中，日本的生产设施被破坏得很严重。人们从零开始建设国家，仅仅用二十多年就取得了这么大的成就。只是从这件事情上看，我们也可以说，日本人具备非常勤劳的品质。

‖ 只要做到以下三点

我在欧洲旅行时，一点比较强烈的感受是欧洲各国的节奏很舒缓，尽管各国之间略有差异，但整体上欧洲国家的现在与几年前变化不大。与日本的发展和进步相比，这是很不一样的。不是说哪个国家更好或更坏，但可以看出日本是一个很好的国家，日本人是具有杰出素质的公民。

这样的话，如果政治上有更加明确的方向，国民的公德心进一步提高，同时在国际社交等方面有所改进，我有强烈的预感，日本或许有可能成为世界上最好的国家之一。

重视有价值的东西

虽然有“国产优先”的主张，但如果各国都过分强调这一点，全球贸易就会停滞不前，每个国家的发展也会受到影响。因此，我们不应该固守“国产优先”的观念，而是应该相互认可有价值的商品，无论是外国的还是国产的，只要是好的产品人们就愿意购买。那商品可以是日本的，也可以不是日本的。

关键在于企业要努力生产有价值的商品。

热爱自己的语言

我们日常使用的语言，是前人留下的宝贵遗产。其中蕴含着数百年甚至数千年的历史和传统。所以，我们不能草率地使用它，我们应该热爱自己的语言，正确使用它，进一步挖掘和传承它的优美和美丽。这也是我们今天生活中的一项重要任务。

保护自然

旅游开发意味着更多的人去体验和享受自然。然而，最近经常出现过度的旅游开发行为破坏自然的现象。

前不久，我去了一个景点，那里不允许任何船只在湖面上行驶，以免破坏湖泊的风景，这个考虑是很被认可的。日本拥有丰富的自然景观，我们应该珍惜它，并在开发中更加灵活地利用自然，创造和谐美丽的景观。

强健体魄

我们周围充斥着结核分枝杆菌、流感病毒等病原体，只有摄入充足的营养，保持身体健康，才能降低生病的概率。一旦营养状况变差，身体变得虚弱，就很容易生病。

这种病菌到处都有，不论是企业还是国家，都可能随时被袭击。因此，我们首先需要努力让企业和国家的体质变得更加强壮。

警察的使命

“保护国民的生命和生活，维护社会秩序，这是警察的使命。”这是非常崇高的使命。但在我们国家，人们对警察的行动往往只有批判，很少想着积极协助他们履行使命。

为什么人们对警察的理解和认知会如此之低呢？其中一个原因是，警察系统并没有付出努力让人们理解和弄清楚他们的崇高使命。所以，警察应该更加充分地宣传他们的使命，做好应该做的事情。

‖ 自主独立

有人承诺说，如果我们遇到困难一定会帮助我们，这当然令人感到安心，但我们不能过于依赖他人。无论是个人还是团体，甚至国家，都应该努力通过自己的力量来应对困难，这才是理想的状态。

每日图新

流水不腐，过去学院斗争的一个原因或许是因为学校内部的“流水”不够。虽然大学的学术研究不断进步，但在大学运营的理念、制度和机制方面没有及时跟上时代。因此，在学生中产生了各种不满情绪，最终导致了那场斗争。

不仅仅是大学，企业的经营和一个国家的政治都需要不断更新，需要不断发展的“流水”。

‖ 培养人才的关键

“企业即人”，对于企业来说，培养人才至关重要。一个企业如果没有明确的目标和使命，就很难培养出优秀的人才。只有在公司的目标、使命和经营理念明确确立之后，才能按照这些标准培养人才。

同样，对于一个国家来说，如果想要培养出优秀的公民，必须确立国家的旗帜，也就是确立国家治理的基本理念。

狗的世界

如果狮子进入狗的世界，狗的世界秩序就会崩溃。

人类社会也是同样的道理。因此，我们必须保证人类社会不会受到暴力或压力等破坏社会秩序的因素影响，我们需要共同努力，建立起能够产生正确力量的基础，并不断强化这一基础。

农业人口比例

在世界上的一百多个国家中，有些国家的农业人口只占全国人口 6%，却可以满足该国的食品需求，并且还有剩余；有些国家的农业人口占全国人口的 70%，但仍无法满足本国的食品需求。

虽然这可能与地形和气候有关，但通常情况下，随着国家政治的稳定，经济和文化的进步，农业人口比例会逐渐减少。这是一个指导我们的方向，即我们的国家也应该尽量用更少的农业人口来满足我们的食品需求。

服务的心态

如果日本今后进一步发展，并想要为其他国家的发展提供援助，重要的是要有谦虚的态度和服务的心态。

即使是个人，如果有人跟你说“我有卓越的才能和强壮的体魄，所以跟着我，我会照顾你”，任何人都会感到反感。

但是，如果那个人说“拥有这么强壮的身体和出色的才能，实际上是天赐的礼物。因此，我们应该真心感谢这一点，并考虑如何使用这种优越的力量为他人服务”，大多数人都会愉快地接受这种帮助。

‖ 千载难逢的机遇

历史上，困难的时代不止出现过一次。但是，从某种意义上说，现在可能是最困难、最艰难的时代。

无论是大国还是小国，无论是发达国家还是发展中国家，几乎所有的国家都在各种形式的政治动荡中挣扎。而且，过去这种情况可能仅局限于一个地区或国家，但现在，所有事情都能瞬间传播到世界的每个角落，互相影响，加剧彼此的不安和动荡。这是一个极其不安全和动荡的时期。

因此，可以说生活在当今时代的我们距离

黑暗只有一步之遥。在平静安宁的世界中，如果世界和平无事，我们可以专注于自己的工作，只耕耘自己的领域就足够了。然而，当社会形态如此流动不定、瞬息万变时，我们的努力可能无法取得足够的成果，甚至成果可能会在一瞬间消失。在这种情况下，每个人都不可避免地会感到不安和动荡。

但是，如果我们改变一下思考问题的方式，结论会大不一样。出生在这个时代难道不是一件幸运的事吗？这是一个困难和不稳定的时代，想与之抗争难度非常高，但正因如此，也才更有趣、更有挑战性。

从另一个角度来看，我们现在正处在一个千载难逢的好机会中。虽然困难重重，但正因为此这样的人生才更有意义。

我们应该用积极的思维方式想问题办事情。

作为全球知名企业家，松下幸之助曾经影响了不止一代经营者，其经营理念、人生哲学备受全球读者推崇。伴随我国经济社会不断发展，中小企业越来越活跃，其对学习如何经营企业的需求愈发旺盛。为满足众多企业家的阅读需求，我社与松下幸之助先生创办的 PHP 研究所深度合作，陆续引进了 PHP 珍藏书系。目前已出版发行十余种，其中松下幸之助的代表作《天心：松下幸之助的哲学》备受欢迎。今后我们还将有计划地陆续推出“松下幸之助演讲集”等系列作品。

已出版的松下幸之助经典作品

①《天心：松下幸之助的哲学》（平装）（精装）（口袋版）

天心是松下幸之助人生和经营思想的原点，是他勇夺时代先机、实现制度和技术创新的秘诀，更是广大读者学习“经营之神”思维方式的必读书。

②《成事：松下幸之助谈人的活法》

做人做事向往美好，从善的角度思考。想方设法做成事的强烈热情是创造的源泉。

③《松下幸之助自传》

松下幸之助亲笔所书的唯一自传，完整讲述其成长经历和创业、守业历程。精彩的故事中蕴含着做人做事的深刻道理。

④《拥有一颗素直之心吧》

素直之心是松下幸之助经营和人生理念的支点和核心。素直之心是不受束缚的心，是能够做出正确判断的心，一旦拥有素直之心，无论经营还是人际关系抑或其他，都会顺利。

⑤《挖掘天赋：松下幸之助的人生心得》

松下幸之助遗作、90 岁成功老人对人生的回顾与思考，凝聚一生感悟。充分挖掘自身天赋、发挥自身潜能，才能度过充实而精彩的人生。

⑥《如何工作：松下幸之助谈快速成为好员工的心得》

怎样快速成为一名好员工？松下幸之助在三部分内容中分别面向职场新人、中坚员工、中高层管理者三类人群有针对性地给出中肯建议。

⑦《持续增长：松下幸之助的经营心得》

如何在艰难期带领企业突围和发展？松下幸之助结合自身半个世纪的实践经验，从经营和用人两方面道出带领企业逆境中稳步发展的真髓。

⑧《经营哲学：松下幸之助的 20 条实践心得》

一家企业想做久做长离不开正确的经营理念，“经营之神”松下幸之助基于自身五十多年的实践经验指出，坚持正确的经营理念是事业成功的基础和必要条件。

⑨《经营诀窍：松下幸之助的“成功捷径”》

企业经营有其内在规律，遵循经营的规律、把握其中的诀窍至关重要。松下幸之助在书中分享了自己经营企业五十多年间积累下的 37 条宝贵心得。

⑩《抓住商业本质：松下幸之助的经商心得》

企业要少走弯路，就得抓住商业本质，遵循基本逻辑。本书凝聚了一位国际知名企业家对商业本质和企业经营规律的深刻理解。

⑪《应对力：松下幸之助谈摆脱经营危机的智慧》

松下电器自成立以来经历了战争、金融风暴等重大危机，卓越的应对力使其在逆境中实现成长。应对力是帮助企业摆脱困境的法宝，是领导者的必备素养。

⑫《精进力：松下幸之助的人生进阶法则》

精选松下幸之助讲话中的 365 篇，可每日精进学习其对人生和经营的思考。

⑬《感召力：松下幸之助谈未来领导力》

感召力是一种人格魅力，是面向未来的最有人情味的领导力，本书旨在帮助有理想的普通人提升感召力。

⑭《智慧力：松下幸之助致经营者》

讲述了满怀热情、肩负使命、坚守正道、成就尊贵人生的智慧。

⑮《道路无限》

松下幸之助人生哲学经典读本，写给青年的工作和人生忠告。改变了无数人命运的长销书，20 年间重印高达 78 次。